frondaux
G.
7 120

DESCRIPTION GÉNÉRALE DE LA TERRE

POUR ACCOMPAGNER

L'ATLAS ÉLÉMENTAIRE DE GÉOGRAPHIE

PAR
RICHARD CORTAMBERT.

NOTIONS PRÉLIMINAIRES.

La Terre en général.—Termes cosmographiques.

La *géographie* est la description de la Terre : elle en étudie la forme, l'étendue, la surface ; elle nous promène à travers le monde comme à travers un immense jardin, et, nous conduisant sur terre et sur mer, au sommet des montagnes, sur le bord des cours d'eau, au milieu des peuples et des villes, elle nous fait embrasser tour à tour les merveilles de la nature et les établissements de l'homme.

La Terre est ronde ; la limite de la vue s'appelle *horizon*. La Terre a deux mouvements : ceux de rotation et de translation. Par celui de rotation, elle se meut sur elle-même dans l'espace de 24 heures, c'est-à-dire un *jour* ; et par celui de translation, elle tourne autour du Soleil dans l'espace de 365 jours et 6 heures, c'est-à-dire une *année* ; sa circonférence est de 40,000 kilomètres, et son diamètre de 13,000 kilomètres.

Le côté vers lequel le Soleil semble se lever se nomme *Est, Levant* ou *Orient* ; celui où il paraît se coucher s'appelle *Ouest, Couchant* ou *Occident* ; le côté vers lequel, dans nos climats, nous voyons le Soleil à midi est le *Sud*, appelé aussi *Midi*, point *austral* ou *méridional* ; et le côté opposé est le *Nord* ou *Septentrion* ou point *boréal* ; ce sont là les quatre *points cardinaux*. Les points intermédiaires sont les points collatéraux : le *Nord-Est*, entre le N. et l'E. ; le *Nord-Ouest*, entre le N. et l'O. ; le *Sud-Est*, entre le S. et l'E. ; le *Sud-Ouest*, entre le S. et l'O.

La ligne imaginaire sur laquelle tourne la Terre a reçu le nom *d'axe*, et ses extrémités ont été nommées *pôles*.

On appelle *Équateur*, ou *ligne équinoxiale*, le cercle qui partage la Terre en deux parties égales : celle du nord se nomme *hémisphère boréal* ; celle du sud, *hémisphère austral*.

Les *méridiens* sont des cercles qui passent par les pôles, coupent perpendiculairement l'équateur et partagent le globe en deux hémisphères, celui de l'orient et celui de l'occident ; les *parallèles* sont des lignes qui suivent des directions parallèles à l'équateur.

Il y a quatre principaux parallèles : ce sont les *tropiques* du *Cancer* et du *Capricorne*, le premier au nord, le second au sud de l'équateur ; et les *cercles polaires arctique* et *antarctique*, à quelque distance des pôles. Ces parallèles partagent la Terre en cinq grandes zones : la *zone torride*, entre les tropiques ; la *zone tempérée boréale*, entre le tropique du Cancer et le cercle polaire arctique ; la *zone tempérée australe*, entre le tropique du Capricorne et le cercle polaire antarctique ; et enfin les *zones glaciales arctique* et *antarctique*, qui sont situées au delà des cercles polaires.

La zone torride, exposée aux rayons directs du Soleil, est la plus chaude ; les zones tempérées, qui reçoivent obliquement les rayons du Soleil, ont une température moins élevée, et les zones glaciales sont très-froides parce que les rayons du Soleil n'y parviennent que très-indirectement.

Termes de Géographie physique.

La surface de notre globe est divisée en *terres* et en *eaux*.

Les grandes étendues de terre sont les *continents* ; on appelle *îles* des parties de terre entourées d'eau ; *archipels*, des îles rapprochées les unes des autres ; *récifs, brisants*, des rochers placés au milieu de la mer ; *péninsules* et *presqu'îles*, des portions de terre entourées d'eau presque de tous côtés ; *isthmes*, les espaces resserrés entre deux masses d'eau ; *côtes*, les bords des continents ; *promontoires* ou *caps*, les avancements de terre dans la mer.

Les plus grandes étendues d'eau sont les *océans* ; une *mer* est une portion de l'océan.

On appelle *golfes, baies* et *anses* des parties de mer qui s'avancent dans la terre ; *détroits*, des espaces resserrés entre deux parties de terre ; *lacs*, des amas d'eau entourés de tous côtés par les terres ; *marais*, des amas d'eau en général peu profonds et stagnants ;

plaines, des territoires plats; *déserts*, des plaines stériles; *montagnes*, des élévations de terrain; *collines*, des hauteurs moins considérables; *plateaux*, des territoires élevés et plats; *versants, flancs* ou *revers*, les penchants des montagnes; *défilés, cols*, des passages étroits entre des montagnes; *vallées*, des espaces plus ou moins profonds entre des montagnes; *fleuve*, un grand cours d'eau qui se jette dans la mer; *rivière*, un cours d'eau qui se joint à un fleuve ou à un autre cours d'eau; *ruisseau*, un très-petit cours d'eau; *canal*, un grand fossé rempli d'eau. Le commencement d'un fleuve se nomme *source*; l'endroit où il se jette dans la mer s'appelle *embouchure*, et le point où se réunissent deux cours d'eau, *confluent*.

Les *affluents* d'un cours d'eau sont les rivières ou les ruisseaux qui le grossissent; un *étang* est un amas d'eau formé par un cours d'eau dont on arrête le courant.

Parties du monde — Océans — Races d'hommes.

Il y a cinq parties du monde : *l'Europe, l'Asie, l'Afrique, l'Amérique* et *l'Océanie*.

Il y a trois continents : *l'ancien*, comprenant l'Europe, l'Asie et l'Afrique; le *nouveau*, comprenant l'Amérique ; et le *troisième, l'Australie*, la terre principale de l'Océanie.

Les continents sont baignés par cinq grands océans : *l'océan Atlantique*, entre l'Europe et l'Afrique, d'un côté, et l'Amérique, de l'autre; le *Grand océan* ou *océan Pacifique*, qui , placé entre l'Amérique et l'Asie, baigne aussi les îles de l'Océanie ; *l'océan Indien*, au sud de l'Asie ; *l'océan Glacial arctique*, entourant le pôle nord ; enfin *l'océan Glacial antarctique*, entourant le pôle sud.

La mer *Méditerranée*, formée par l'océan Atlantique, baigne l'Europe, l'Afrique et l'Asie.

La population totale de notre globe paraît s'élever à plus d'un milliard d'individus.

Il y a trois grandes races : la *race blanche*, qui habite principalement l'Europe, l'ouest de l'Asie et le nord de l'Afrique ; la *race jaune*, que l'on trouve dans le centre et l'est de l'Asie; la *race nègre*, que l'on rencontre en Afrique et en Australie. Ces trois races se sont aussi répandues en Amérique.

Il y a trois races secondaires : la *race malaise*, qui est répandue dans quelques territoires du sud-est de l'Asie et dans une partie de l'Océanie ; la *race polynésienne*, qui habite la Polynésie, une des parties de l'Océanie ; et la *race américaine* ou *rouge*, qui se compose des indigènes du nouveau monde.

Réunions, travaux et habitations des hommes; gouvernements et religion.

Réunions d'hommes.	Travaux.		Habitations.	Gouvernements.		Religions.
Peuples ou nations (hommes civilisés)	Arts ...	Arts matériels. { Agriculture. Boulangerie. Menuiserie, etc.	Hameaux Villages.	G. Monarchique. { absolu. constitutionnel.		Christianisme { R. Catholique. R. Protestante. R. Grecque.
		Beaux-Arts. { Peinture. Sculpture. Architecture,etc.	Bourgs. Villes.	G. Républicain. { aristocratique. démocratique.		Judaïsme.
	Sciences	Sciences physiques { Hist. naturelle. Astronomie. Arithmétique.	(C.)			Islamisme. Paganisme.
		Sciences physico-morales { Géographie. Économie politique, etc.				
		Sciences morales { Histoire. Théologie. Philosophie,etc.				
	Commerce.					
Peuplades, tribus, hordes , familles (hommes demi-civilisés ou sauvages.)	Chasse, pêche, soin des troupeaux (tribus nomades.)		Huttes. Tentes. Cabanes. Cavernes.	Chef.		Islamisme et Paganisme.

EUROPE.

Europe physique.

L'Europe, jointe à l'Asie à l'est, est entourée d'eau de tous les autres côtés.

Elle est baignée au nord par l'océan Glacial arctique; à l'ouest par l'océan Atlantique, et au sud par la Méditerranée ; le détroit de Gibraltar la sépare de l'Afrique.

L'océan Glacial arctique comprend la mer de *Kara* et la mer *Blanche ;* l'océan Atlantique forme la mer *Baltique,* le *Cattégat,* la mer du *Nord,* la *Manche,* la mer *d'Irlande* et la mer de *France ;* la Méditerranée contient la mer *Tyrrhénienne,* la mer *Adriatique,* la mer *Ionienne, l'Archipel,* la mer de *Marmara,* la mer *Noire* et la mer *d'Azov.* On remarque sur les côtes de la Méditerranée des golfes importants, tels que ceux du *Lion,* de *Gênes,* de *Tarente,* de *Lépante* et de *Salonique.*

Les détroits principaux sont : dans le nord, le *Sund,* le *Grand Belt,* le *Petit Belt,* le *Cattégat* et le *Skager-Rack ;* à l'ouest, le *Pas de Calais,* le canal du *Nord* et le canal *Saint-George ;* au sud, le détroit de *Gibraltar,* le *Phare de Messine,* le canal d'*Otrante,* le détroit des *Dardanelles (Hellespont),* le canal de *Constantinople (Bosphore de Thrace),* le détroit d'*Iénikalé (Bosphore Cimmérien).*

Remarquons les péninsules *Scandinave, Danoise, Hispanique, Italique, Turco-Hellénique,* la presqu'île de *Morée* (anciennement Péloponnèse) et celle de *Crimée.*

Les isthmes principaux sont ceux de *Laponie,* des *Pyrénées,* de *Corinthe* et de *Pérékop.*

Parmi les îles, citons, dans l'océan Atlantique, les îles *Lofoden,* les îles *Færœer,* les îles *Britanniques,* composées de la *Grande-Bretagne,* de l'*Irlande,* de l'*île de Wight,* d'*Anglesey,* de *Man,* des *Hébrides,* des *Orcades* et des îles *Shetland ;* entre le Cattégat et la mer Baltique, les îles *Seeland* et *Fionie,* qui forment la partie principale de l'archipel *Danois;* dans la mer Baltique, les îles suédoises d'*OEland* et de *Gottland,* et les îles russes d'*Aland,* de *Dago* et d'*OEsel;* dans la Méditerranée, les îles *Baléares,* la *Corse,* la *Sardaigne,* la *Sicile,* l'île de *Malte,* les îles *Ioniennes,* l'archipel *Dalmate-Illyrien,* les *Cyclades, Négrepont* et *Candie.*

A l'extrémité septentrionale de l'Europe, remarquons les caps *Nord* et *Nord-Kyn ;* au S.-O. de la Grande-Bretagne, le cap *Land's End* ou *Finisterre;* à l'extrémité occidentale de la France, le cap *Saint-Mathieu ;* à l'extrémité N.-O. de la péninsule Hispanique, le cap *Finisterre ;* à son extrémité S.-O., le cap *Saint-Vincent ;* à l'extrémité S. de la Morée, le cap *Matapan.*

L'étendue de l'Europe est de 5,300 kilomètres de longueur, du N.-E. au S.-O., et de 4,000 kilomètres de largeur, du N. au S.

Une longue chaîne de hauteurs s'étend du N.-E. au S.-O. à travers l'Europe, et la partage en deux versants. Les principales parties en sont les *Carpathes,* les *Alpes* (dont le plus haut sommet est le *mont Blanc*), le *Jura,* les *Vosges,* les *Cévennes,* les *Pyrénées,* les *monts Ibériques.* A la grande arête se rattachent, au N., les *monts Dofrines;* au midi, les *monts Helléniques* et les *Apennins.* Dans le N. de la Grande-Bretagne, on remarque les *monts Grampiens.* Les *monts Ourals* et le *Caucase* séparent, à l'orient, l'Europe de l'Asie. L'*Etna* et le *Vésuve* sont les principaux volcans.

Sur le versant septentrional de l'Europe, on voit les fleuves suivants : la *Petchora,* la *Dvina* septentrionale, le *Tornea,* la *Néva,* la *Dvina* méridionale, le *Niémen,* la *Vistule,* l'*Oder,* l'*Elbe,* le *Rhin,* qui reçoit la *Moselle;* la *Meuse,* l'*Escaut,* la *Tamise,* la *Seine,* la *Loire,* la *Gironde,* formée par la *Dordogne* et la *Garonne;* le *Minho,* le *Douro,* le *Tage,* la *Guadiana,* le *Guadalquivir.*

Sur le versant méridional, l'*Ebre,* le *Rhône,* l'*Arno,* le *Tibre,* le *Pô,* l'*Adige,* la *Maritza,* le *Danube,* qui reçoit l'*Inn* et la *Theiss ;* le *Dniestr,* le *Dniepr,* le *Don,* le *Volga* et l'*Oural.*

Les principaux lacs sont : les lacs *Ladoga, Onéga, Ilmen, Peïpous, Mœlar, Vetter, Vener,* de *Constance,* de *Zurich,* de *Lucerne,* de *Neuchâtel,* de *Genève, Majeur,* de *Côme,* de *Garde* et *Balaton.*

Europe politique.

ÉTATS.	Superficie en kilomètres carrés.	Population.	Gouvernement.	Capitales.	Population.	Autres Villes remarquables.
Iles Britanniques....... Angleterre	300,000	29,000,000	Monarchie constit.	Londres........	3,000,000	Manchester, Liverpool, Birmingham, Bristol.
Ecosse..........	....	....	....	Edinbourg.......	200,000	Glasgow.
Irlande..........	....	....	....	Dublin..........	300,000	Cork, Limerick.
Belgique	29,500	4,500,000	Monarc. const.	Bruxelles.......	200,000	Bruges, Gand, Liége, Anvers.
Hollande ou Pays-Bas (en Néderlande).	34,200	3,500,000	Monarc. const.	La Haye........	70,000	Amsterdam, Rotterdam.
Prusse	279,400	18,000,000	Monarc. const	Berlin..........	450,000	Dantzick, Kœnisgberg, Magdebourg, Breslau, Cologne, Aix-la-Chapelle.
Danemark..........	66,000	2,500,000	Monarc. const.	Copenhague......	130,000	Altona.
Monarchie { Suède.......... Scandinave { Norvége......	440,000 / 300,000	3,500,000 / 4,500,000	Monarc. const. / Monarc. const	Stockholm........ / Christiania.......	100,000 / 40,000	Gothembourg. / Bergen.
Russie........... (En y comprenant la Pologne et le grand-duché de Finlande).	5,870,000	64,000,000	Monarc. abs.	Saint-Pétersbourg..	550,000	Moscou, Riga, Odessa, Helsingfors, Varsovie.
Autriche..........	648,500	35,000,000	Monarc. semi-const.	Vienne..........	500,000	Prague, Trieste, Venise, Bude, Pesth, Lemberg, Cracovie.

Sur le versant de l'océan Atlantique et de l'océan Glacial.

Méditerranéen

	État		Population	Gouvernement	Capitale		Villes principales
A la fois sur les versants et Océanique.	Allemagne ou Confédération Germanique (Composée de 35 états, dont 31, entièrement allemands, forment l'Allemagne intérieure.)	640,000 dont 230,500 pour l'Allemagne intérieure.	46,000,000 (dont 20,000,000 h. pour l'Allemagne intérieure).	24 M. const. 7 Mon. abs. 4 Républ.	Francfort-s.-le-Main.	65,000	Munich (Bavière), Hambourg, Dresde (Saxe), Brême, Lübeck, Stuttgart (Wurtemberg).
	Suisse	40,900	2,500,000	Conféd. rép.	Berne	30,000	Bâle, Genève, Zurich.
Sur le versant Méditerranéen.	France	547,000	37,000,000	Monarc. const.	Paris	1,700,000	Lyon, Marseille, Bordeaux, Rouen, Nantes.
Pén. Hispanique.	Espagne	465,000	16,000,000	Monarc. const.	Madrid	300,000	Barcelone, Valence, Malaga, Séville, Grenade, Cadix.
	Portugal	94,000	3,500,000	Monarc. const.	Lisbonne	280,000	OPorto.
	Italie (États Sardes, Vénétie, États de l'Église, Naples, Sicile).	286,000	25,000,000 (dont 2,500,000 à l'Autriche).	Plus. gouvern.	Turin (États Sardes) / Naples / Rome (Ét. de l'Égl.).	200,000 / 450,000 / 480,000	Milan, Venise, Gênes, Florence, Palerme.
	Turquie d'Europe (En y comprenant les principautés slaves et roumaines de Servie, de Valachie et de Moldavie.)	528,000	15,000,000	Monarc. const. (Nomin.)	Constantinople	700,000	Andrinople, Gallipoli, Salonique, Sophia, Belgrade, Boukharest, Iassy.
	Grèce	47,600	1,100,000	Monarc. const.	Athènes	30,000	Syra.
	Iles Ioniennes	3,000	230,000	République (prot. par l'Angleterre).	Corfou	16,000	
	Totaux	10,206,000	277,330,000				

ASIE.

Asie physique.

L'Asie est la plus grande partie continentale du monde.

Elle est bornée au N. par l'*océan Glacial arctique*, au S. par l'*océan Indien*, à l'O. par l'*Europe*, la *Méditerranée* et l'*Afrique*, à l'E. par l'océan *Pacifique*.

L'océan *Pacifique* forme les mers de *Beering*, d'*Okhotsk*, du *Japon*, la mer *Jaune*, la mer de *Corée* ou *Bleue*, la mer de *Chine* et les golfes de *Tonkin* et de *Siam*. L'océan *Indien* forme le golfe du *Bengale*, la mer d'*Oman*, le golfe *Persique* et la mer *Rouge*.

Les principaux détroits sont ceux *Beering*, de *Malaka*, d'*Ormus* et de *Bab-el-Mandeb*.

L'isthme de *Suez* joint l'Asie à l'Afrique.

Les principaux caps sont : à l'extrémité O. de l'Asie Mineure, le cap *Baba*; à l'extrémité S.-O. de l'Arabie, le cap *Bab-el-Mandeb*; au S. de l'Hindoustan, le cap *Comorin*; à l'extrémité de la presqu'île de Malaka, les caps *Bourou* et *Romania*; au N.-E. de l'Asie, le cap *Oriental*; et au N., le cap *Septentrional*.

L'étendue de l'Asie est de 10,200 kilomètres du N.-E au S.-O., du cap Oriental au cap Bab-el-Mandeb, et de 8,000 kilomètres du N. au S., du cap Septentrional au cap Rourou.

Parmi les îles, citons les îles *Liakhov*, les îles *Kouriles*, les îles du *Japon*, dont la principale est *Nifon*; l'île *Formose*, l'île *Haï-Nan*, les îles *Andaman* et *Nicobar*, l'île *Ceylan*, les îles *Laquedives* et *Maldives*, et, dans la Méditerranée, l'île de *Chypre* et les *Sporades*.

Il y a en Asie deux grands plateaux: le plateau de la *Perse* et le plateau *central*; une immense chaîne de montagnes court du N.-E. au S.-O., et porte successivement les noms de *Iablonoï*, *Altaï*, *Célestes*, *Caucase Indien*, *Elbours*, *Taurus* et *Anti-Liban*; cette arête projette d'importants rameaux, tels que les monts *Kouen-Lun*, *Himalaya*, *Ghattes* et *Liban*. Nommons aussi les monts *Ararat* et *Sinaï*.

Sur le versant septentrional, on remarque les fleuves suivants : l'*Obi*, l'*Iéniseï* et la *Léna*; sur le versant de l'E., l'*Amour* ou *Sakhalian-oula*, le fleuve *Jaune* ou *Hoang-ho*, le fleuve *Bleu* ou *Kiang*, le *Camboge* et le *Mé-Nam*; sur le versant du S., le *Salouen*, l'*Ava* ou *Iraouaddy*, le *Brahmapoutre*, le *Gange*, le *Sind* ou *Indus*, le *Tigre* et l'*Euphrate*, qui forment en se réunissant le *Chot-el-Arab*. Le *Kizil-Ermak* tombe dans la mer *Noire*; le fleuve *Oural*, dans la mer Caspienne; le *Djihoun* ou *Amou-Déria* (ancien *Oxus*) et le *Sihoun*, dans la mer d'Aral.

Les principaux lacs sont : la mer *Caspienne*, la mer d'*Aral*, le lac *Baïkal*; les lacs *Po-yang* et *Thoung-thing*, qui communiquent avec le Kiang; le lac *Tengri*, le lac *Lob*, le lac *Bleu* ou *Khoukhou-noor*, le lac *Balkhach*, le lac *Hamoun*, le lac d'*Ormiah*, le lac de *Van*, et la mer *Morte* ou lac *Asphaltite*, qui reçoit au N. le *Jourdain*.

Asie politique.

PAYS.	Superficie en kilom. carrés.	Population.	Capitales.	Population.	Villes remarquables.
Sibérie ou Russie Asiatique orientale.	14,809,000	4,000,000			Tobolsk, Irkoutsk, Iakoutsk.
Transcaucasie.	204,000	2,200,000			Tiflis.
Turquie d'Asie. (Asie Mineure, Arménie, Mésopotamie, Assyrie, Babylonie, Syrie (avec la Palestine).	4,254,000	45,000,000			Smyrne, Angora, Brousse, Bagdad, Mossoul, Damas, Jérusalem. Villes anciennes : Troie, Éphèse, Ninive, Babylone, Palmyre.
Perse.	1,647,000	10,000,000	Téhéran.	430,000	Ispahan, Chiraz.
Afghanistan.	600,000	5,000,000	Caboul.	60,000	Candahar.
Hérat.	300,000	1,000,000	Hérat.	50,000	
Turkestan indép.	2,000,000	9,000,000	Boukhara (cap. de la Boukharie)	450,000	Samarkand.
Empire Chinois. (Chine propre, Mandchourie, Corée, Mongolie, Turkestan chinois, Tibet).	14,000,000	400,000,000	Pe-king.	3,000,000	Nan-king, Sou-tcheou, Canton.
Japon.	500,000	30,000,000	Yédo-Miako.	1,500,000 1,000,000	Nagasaki.
Indo-Chine. (Empire Birman, royaume de Siam, posses. angl., roy. d'An-nam, avec la Cochinchine).	2,000,000	23,000,000	Ava (dans l'empire Birman), Bangkok (roy. de Siam), Hué (en Cochinchine).	Bangkok 400,000 400,000	Dans les possessions anglaises : Moulmein, Pégou, Rangoun, Malaka, Singapour.—Dans la Cochinchine : Saigon.
Hindoustan.	3,550,000	173,000,000	Calcutta.	400,000	Delhy (Ang.), Agrah (A.), Bénarès (A.), Madras (A.), Bombay (A.), Surate (A.), Lahore (A.), Cachemire (ind.), Goa (P.), Pondichéry (F.), Mahé (F.), Chandernagor (F.)
Béloutchistan.	380,000	500,000	Kélat.	12,000	
Arabie. (Plusieurs états : le Hedjaz, l'Yémen, etc.)	2,800,000	8,000,000	La Mecque (capitale du Hedjaz)	60,000	Médine, Moka, Mascate, Aden (A.).
Totaux.	40,432,000	680,900,000			

AFRIQUE.

Afrique physique.

L'Afrique est jointe à l'Asie par l'*isthme de Suez* ; elle est bornée au N. par la *Méditerranée ;* à l'O. par l'*océan Atlantique,* et à l'E. par l'*océan Indien* et la *mer Rouge.*

Les principaux caps sont : au N., le cap *Bon* et le cap *Blanc* ; à l'O., le cap *Vert* ; au S., les caps de *Bonne-Espérance* et des *Aiguilles* ; à l'E., le cap *Guardafui.*

L'étendue de l'Afrique est de 8,000 kilomètres du N. au S., et de 7,500 kilomètres de l'O. à l'E.

Un grand nombre d'archipels forment une vaste ceinture autour de l'Afrique ; ce sont : les îles *Açores* (au Portugal), les îles *Madère* (au Portugal), les îles *Canaries* (à l'Espagne), dont la principale est *Ténérife,* fameuse par son volcan ; les îles du *Cap-Vert* (Portugal), l'*Ascension* et *Sainte-Hélène* (Angleterre), *Fernan-do-Po* (Espagne), l'île de *Madagascar,* une des plus grandes îles du globe ; les îles *Mascareignes,* qui comprennent l'île de la *Réunion* (France), autrefois *Bourbon,* dont le chef-lieu est *Saint-Denis,* et l'île *Maurice* (Angleterre), autrefois *île de France,* dont le chef-lieu est *Port-Louis ;* les îles *Comores,* dont la principale est *Mayotte* (France), les îles *Séchelles* (Angleterre), l'île de *Zanzibar* (sultan de Mascate), l'île de *Mombas* (sultan de Mascate), l'île de *Socotora* (Angleterre) et la terre de *Kerguelen* ou de la *Désolation.*

Dans l'intérieur de l'Afrique, on rencontre le *Grand Désert* ou *Sahara.* Parmi les montagnes, remarquons : au N., l'*Atlas ;* au centre, les montagnes de la *Lune,* dont la situation n'est pas encore bien connue, les monts *Kénia* et *Kilimandjaro,* les montagnes de *Kong ;* au S., les monts *Lupata* et les monts *Sneeuwberg* ou de *Neige.*

Les principaux fleuves sont : le *Nil,* formé par la réunion du *Nil Blanc* et du *Nil Bleu* ; le *Sénégal,* la *Gambie,* le *Dialiba, Kouara* ou *Niger,* le *Zaïre* ou *Coango,* la *Coanza,* le fleuve *Orange* ou *Gariep,* le *Loffih* et le *Zambèze.*

Parmi les lacs, citons : le lac *Tchad,* au centre de l'Afrique ; le lac *Dembéa,* à l'E. ; le lac *Tanganyika* ou *Oujiji,* le lac *Nyanza-Victoria* ou *Oukéréoué,* le lac *Nyassi,* récemment découverts un peu au S. de l'équateur ; le lac *N'gami,* plus au S. ; le lac *Melghigh,* au N., etc.

Afrique politique

Superficie : environ 29,700,000 kil. carrés. — Population totale : 100,000,000 d'habitants ?

	PAYS SUPER-ÉQUATORIAUX.		VILLES CAPITALES et lieux remarquables.
Région du Nil, de la mer Rouge et du golfe d'Aden	Égypte		Le Caire, *Rosette, Damiette, Alexandrie,* ruines de *Thèbes.*
	Nubie		*Khartoum.*
	Abyssinie		Gondar.
	Somal.		*Zeïla.*
Région de la Méditerranée.	Barbarie	Tripoli (royaume de)	Tripoli.
		Tunis (royaume de)	Tunis.
		Algérie (colonie française)	Alger, *Constantine, Oran, Bône, Philippeville, Bougie.*
		Maroc (empire de)	Maroc, *Fez, Méquinez, Tanger, Ceuta* (Espagne).

PAYS SUPER-ÉQUATORIAUX (suite).		VILLES CAPITALES et lieux remarquables.
Région Saharo-Atlantique.	Sahara ou Grand Désert.........	
	Sénégambie..................	Saint-Louis (France).
	Guinée supérieure	Côtes de Sierra-Leone, des Dents, d'Or, des Esclaves, de Bénin.
Région intérieure.......	Nigritie sept., Soudan ou Takrour.	Timbouctou, Sakatou, Kouka.

PAYS SUB-ÉQUATORIAUX.		
Région de l'océan Atlantique	Guinée inférieure { Congo .... Angola (Portug.) Benguela (Id.)	San-Salvador.
	Cimbebasie ou Ovampie	
	Hottentotie	
Région de l'angle austral de l'Afrique	Colonie du Cap	Le Cap.
Région de l'océan Indien...	Cafrerie, avec la colonie anglaise de Natal.	
	Mozambique..................	Mozambique.
	Zanguebar	Zanzibar.
Région intérieure	Nigritie méridionale	*Oujiji.*

AMÉRIQUE.

Amérique physique.

L'Amérique fut découverte en 1492, par Christophe Colomb ; mais Améric Vespuce eut l'honneur de lui donner son nom.

L'Amérique s'allonge du N. au S. entre l'*océan Atlantique*, à l'E., et le *Grand océan*, à l'O. Elle est bornée au N. par l'océan Glacial arctique, et au S. elle se termine par le cap Horn ; l'Amérique se rétrécit considérablement dans sa partie moyenne ; sa partie la plus étroite se nomme *isthme de Panama*. Tous les territoires qui s'étendent au N. de cet isthme appartiennent à l'*Amérique septentrionale ;* tous ceux qui s'étendent au S. appartiennent à l'*Amérique méridionale.*

On remarque, dans l'océan Glacial arctique, les mers *Polaire*, de *Baffin*, d'*Hudson*, les détroits de *Lancastre* et de *Davis* ; dans l'océan Atlantique, les golfes de *Saint-Laurent* et du *Mexique*, la mer des *Antilles*. On passse de l'océan Atlantique dans l'océan Pacifique par le détroit de *Magellan*, qui sépare la Terre de Feu du continent ; on trouve, dans l'océan Pacifique, le golfe de *Panama*, le golfe de *Californie* ou mer *Vermeille*, et la mer de *Beering*.

A l'O., le détroit de Beering sépare l'Amérique de l'Asie.

Les principales presqu'îles sont : le *Labrador*, la *Nouvelle-Écosse*, la *Floride*, le *Yucatan*, la *Californie* et la presqu'île d'*Alaska* ; les principaux caps sont les caps *Farewell, Charles, Occidental*, dans l'Amérique du N., et les caps *Gallinas, Saint-Roch, Blanc, Froward* et *Horn*, dans l'Amérique du S.

L'étendue de l'Amérique est de 15,500 kilomètres de longueur, du N. au S. ; de 5,300 kilomètres, dans sa plus grande largeur, et de 42,500,000 kilomètres carrés (y compris les îles). La population est d'environ 65,000,000 d'habitants.

Une grande chaîne de montagnes, s'étendant du N. au S., partage l'Amérique en deux versants, et porte successivement les noms de monts *Rocheux*, de *Cordillère* du *Mexique*, de *Cordillère de l'Amérique centrale*, de *Cordillère* des *Andes*.

On remarque aussi les monts *Alléghany* ou *Apalaches*.

Sur le versant de l'O., on remarque les fleuves suivants : le *Columbia* ou *Orégon*, le *Rio Colorado* et le *Sacramento* ; sur le versant du N. et de l'E., le *Mackenzie*, le fleuve de la *Mine de cuivre*, le *Back*, le *Missinipi* ou *Churchill*, le *Saint-Laurent*, l'*Hudson*, le *Mississipi*, qui reçoit le *Missouri* ; le *Rio Grande del Norte*, la *Madeleine*, l'*Orénoque*, l'*Essequebo*, le fleuve des *Amazones* ou *Marañon*, le *Tocantins*, le *Saint-François* ou *San-Francisco*, le *Rio de la Plata*, formé par la réunion de l'*Uruguay* et du *Parana*, qui se grossit du *Paraguay*.

Les principaux lacs sont : dans l'Amérique du N., les lacs des *Montagnes*, de l'*Esclave*, du *Grand Ours, Ouinipeg, Outario, Érié, Hudson, Michigan, Supérieur* et de *Nicaragua* ; dans l'Amérique du S., les lacs de *Maracaybo*, dos *Patos* ou des *Oies*, et *Titicaca* ou *Chucuyto*.

Amérique politique.

PAYS.	Superficie en kil. carrés	Population.	Gouverne-ment.	Capitales.	Autres villes remarquables.
AMÉRIQUE DU NORD.					
Groenland (Danois)	Nomb. inconnu	Nomb. inconnu.			
Islande (Danois)	100,000	60,000		Reikiavik.	
Nouv.-Bretagne (aux Angl.)	7,550,000	3,500,000			Québec, Montréal, Toronto.
Principal pays : le Canada	....	....	....	Ottawa	
Amérique russe	1,245,000	80,000		N.-Arkhangel.	
États-Unis (33 États).....	7,600,000	28,000,000	République.	Washington ..	Boston, New-York, Philadelphie, Baltimore, Charleston, N.-Orléans, St-Louis, Cincinnati, S-Francisco.
Mexique..............	2,095,500	7,853,400	République	Mexico	La Vera-Cruz, Cãmpêche, Guadalaxara, La Puebla.
Amérique centrale, composée de :	300,000	2,065,000			
Guatémala	....	....	République	Guatémala.	
San-Salvador.......	....	....	Id.	San-Salvador.	
Honduras...........	....	....	Id.	Comayagua.	
Nicaragua	....	....	Id.	Léon.	
Costa-Rica	....	....	Id.	San-José.	
AMÉRIQUE DU SUD.					
Colombie, composée de :					
Nouvelle-Grenade ...	1,358,000	2,800,000	République	Bogota.	
Équateur	770,000	1,108,000	Id.	Quito.	
Vénézuéla.........	1,105,000	1,119,300	Id.	Caracas.	
Guyane anglaise......	230,000	165,000	....	Georgetown.	
— hollandaise....	155,000	65,000	....	Paramaribo.	
— française	300,000	25,000	....	Cayenne.	
Brésil.......	7,708,000	9,000,000	Empire	Rio de Janeiro	San-Salvador, Pernambouc.
Uruguay............	190,000	120,000	République.	Montevideo.	
La Plata............	2,250,000	880,000	République.	Parana.	Buenos-Ayres.
Paraguay	200,000 ?	300,000 ?	République.	L'Assomption.	
Pérou..............	1,292,000	2,200,000	République.	Lima........	Cuzco.
Bolivie	1,226,000	1,117,000	République.	Chuquisaca ou La Plata ...	Potosi.
Chili...............	470,000	1,139,000	République.	Santiago.....	Valparaiso.
Patagonie...........	775,000	Nomb. inconnu.			
ANTILLES....	255,000	3,000,000			
Grandes Antilles. Cuba (E.).....	....	....	....	La Havane...	Puerto-Principe.
Haïti (2 rép.) ..	....	....	....	Port-au-Prince, cap. de la rép. d'Haïti. St-Domingue, cap. de la rép. Dominicaine	
Jamaïque (A.)..	....	....	....	Spanishtown .	Kingston.
Puerto-Rico (E.)	....	....	....	San - Juan-de-Puerto-Rico	
Petites Antilles ou îles du Vent. Guadeloupe (F.)	....	....	....	La Basse-Terre	La Pointe-à-Pître.
Martinique (F.).	....	....	....	Le Fort de France.....	Saint-Pierre.
Dominique (A.).					
Ste-Lucie (A.)..					
Barbade (A.)...					
Trinité (A.)....					
Iles sous le Vent. Marguerite (V.).					
Curaçao (H.)...					
Iles Lucayes ou Bahama (A.).	....	....	....	....	Nassau.

OCÉANIE.

14,300,000 kilom. carr.;— 35,000,000 d'habitants.—MALAISIE (ou pays des Malais).

Iles, Archipels, etc.		Superficie en kil. carrés.	Population.	Capitales ou Villes remarquables.	Possesseurs.
Archipel de la Sonde.	Sumatra...............	480,000	4,550,000	Achcm,Padang	Roy. malais ind. et poss. holland.
	Java.................	115,000	10,300,000	Batavia......	A la Hollande.
	Timor	23,600	1,800,000	....	Partie à la Hollande, partie au Portugal.
	etc.				
Bornéo...................		699,000	4,000,000	Bornéo...... Sambas......	Etats malais.—Une partie aux Holland.
Célèbes...................		190,000	2,000,000	Macassar....	En grande partie aux Hollandais.
Archipel des Moluques	Gilolo				En grande partie à la Hollande.
	Céram	140,000	500,000	Amboine	
	Amboine				
Archipel des îles Philippines.	Luçon				En grande partie aux Espagnols.
	Mindanao...........	518,000	5,000,000	Manille......	
	Mindoro				

MÉLANÉSIE (ou pays des nègres).

Australie ou Nouvelle-Hollande........ (comprenant la Nouvelle-Galles mérid., la Victoria, etc.)		7,750,000	3,000,000	Sydney, Melbourne.	Aux Anglais.
Tasmanie ou île de Diemen		70,200	65,000		Aux Anglais.
Nouvelle-Guinée ou Terre des Papous ...		700,000 ?	500,000 ?		Partie aux Holland. partie indépend.
Nouvelle-Calédonie...................		25,000	60,000 ?		Aux Français.
Nouvelles-Hébrides, ou Grandes Cyclades.		?	150,000		Indépendant.
Iles Viti ou Fidji...................		?	300,000 ?		Indépendant.
Archipel Salomon....................		?	100,000 ?		Indépendant.
Archipel La Pérouse ou Santa-Cruz.....		?	30,000 ?		Indépendant.
Archipel de la Nouvelle-Bretagne......		30,000	100,000 ?		Indépendant.

POLYNÉSIE (ou îles nombreuses).

Nouvelle-Zélande...................		233,000	150,000		Aux Anglais.
Iles Broughton		?	?		Aux Anglais.
Archipel Tonga ou des Amis		4,400	50,000 ?		Indépendant.
Archipel Samoa ou des Navigateurs.....		?	37,000 ?		Indépendant.
Archipel Taïti ou de la Société		2,200	10,000	Papeïti.	Sous le prot. franç.
Archipel Pomotou		?	?		Sous le prot. franç.
Iles de Cook		?	14,000		Indépendant.
Iles Marquises		1,300	25,000		Aux Français.
Iles Sandwich ou Haouaii		15,000	200,000	Honorourou.	Indépendant.

MICRONÉSIE (ou petites îles).

Iles Palos........................		?	?		Indépendant.
Archipel des Mariannes		8,135	10,000		Aux Espagnols.
Archipel des îles Carolines...........		?	100,000 ?		Indépendant.
Iles Marshall......................		?	20,000 ?		Indépendant.
Iles Gilbert		?	6,000		Indépendant.
Iles Magellan...		?	?		Part.ind.part.auJap.

TERRES AUSTRALES (inhabitées).

Terres Victoria, Adélie, etc...........					

FRANCE.

France physique.

La France est située dans la partie occidentale de l'Europe; elle s'étend entre le 42e et le 54e de latitude N. Elle est bornée au N. par la Belgique, la mer du Nord et le Pas de Calais, au N.-O. par la Manche, à l'O. par la mer de France ou golfe de Gascogne (enfoncement de l'Atlantique), au S. par l'Espagne et la Méditerranée, à l'E. par l'Italie, la Suisse et l'Allemagne. Le *Pas de Calais* et la *Manche* la séparent de l'Angleterre; les *Pyrénées*, de l'Espagne; les *Alpes*, de l'Italie; le *Rhin*, de l'Allemagne.

Les caps principaux sont : à l'extrémité N.-O. de la presqu'île de *Cotentin*, le cap de la *Hague* ; à l'extrémité de la Bretagne , le cap *Saint-Mathieu*.—Parmi les golfes ou enfoncements, remarquons : le golfe de la *Seine*, le golfe de *Saint-Malo*, la baie du *Mont-Saint-Michel*, la rade de *Brest*, le golfe du *Morbihan*, fermé à l'O. par la presqu'île de *Quiberon*;— et, parmi les îles : *Ouessant, Belle-Ile,* les îles de *Noirmoutier*, d'*Yeu*, de *Ré*, d'*Oléron*, d'*Hyères*, de *Lérins*, et la *Corse*.

Une chaîne de montagnes partage la France en deux versants principaux, et porte successivement les noms de *Jura, Vosges méridionales, Côte d'Or* et *Cévennes*. A cette arête se rattachent les *Vosges septentrionales*, les *Ardennes orientales* et *occidentales*; les montagnes du *Morvand*, continuées par les collines de l'*Orléanais* et les monts d'*Arrée*; les monts du *Forez*, les montagnes d'*Auvergne*, continuées par les montagnes du *Limousin* et les collines du *Poitou*.

Les plus hauts sommets des Alpes, en France, sont le mont *Olan*, le pic des *Écrins* et le *Grand Pelvoux* (4,000 à 4,200 mètres de hauteur). Remarquons, dans les Pyrénées, les pics du *Midi* de *Bagnères* et de *Pau*, les monts *Perdu* et *Maladetta*; dans les montagnes d'Auvergne, le *mont Dore*, le *Plomb du Cantal* et le *Puy de Dôme*; dans les *Cévennes*, le mont *Mézen* et la *Lozère* ; dans le Jura, le *Grand Crédo* et le *Reculet*, et, dans les Vosges, les *Ballons de Guebwiller* et d'*Alsace*.

Les tributaires de la mer du Nord sont le *Rhin*, la *Meuse* et l'*Escaut*. Le Rhin reçoit l'*Ill* et la *Moselle*.

Les tributaires de la Manche sont la *Somme*, la *Seine*, l'*Orne*, la *Vire* et la *Rance*. La Seine reçoit, à droite, l'*Aube*, la *Marne* et l'*Oise* ; à gauche, l'*Yonne*, le *Loing* et l'*Eure*.

Les tributaires de la mer de France sont le *Blavet*, la *Vilaine*, la *Loire*, la *Sèvre Niortaise*, la *Charente*, la *Gironde* et l'*Adour*.

La Vilaine reçoit l'*Ille*.

La Loire reçoit, à droite, la *Nièvre* et la *Maine*, formée par la *Mayenne* et la *Sarthe* (grossie du *Loir*) ; à gauche, l'*Allier*, le *Loiret*, le *Cher*, l'*Indre*, la *Vienne*, grossie de la *Creuse*, et la *Sèvre Nantaise*.

La Sèvre Niortaise reçoit la *Vendée*.

La Gironde est formée par la réunion de la *Dordogne* et de la *Garonne*; la Dordogne reçoit, à droite, la *Vézère*, grossie de la *Corrèze*; la Garonne reçoit, à droite, l'*Ariège*, le *Tarn*, grossi de l'*Aveyron*, et le *Lot*; à gauche, le *Gers*.

Les tributaires de la Méditerranée sont la *Tet*, l'*Aude*, l'*Hérault*, le *Rhône* et le *Var*.

Le Rhône reçoit, à droite, l'*Ain*, la *Saône*, grossie du *Doubs*, l'*Ardèche*, le *Gard*; à gauche, l'*Isère*, la *Drôme* et la *Durance*.

La longueur du Rhin est de 1,300 kilomètres; celle de la Loire, de 1,130 kilomètres; celle du Rhône, de 800; celle de la Seine, de 780, et celle de la Garonne jointe à la Gironde, de 570.

La France est baignée, sur sa frontière, par le lac *Léman* ou de *Genève*. Elle renferme à l'E. les lacs d'*Annecy*, du *Bourget*, de *Nantua*, de *Gérardmer*; à l'O., celui de *Grand-Lieu*; au S., les étangs de *Thau*, de *Berre* et de *Valcarès*.

France politique.

La France était divisée en 36 provinces avant 1789.

Ces 36 provinces sont, en suivant d'abord le versant de la mer du Nord, puis ceux de la Manche et de la mer de France, enfin celui de la Méditerranée: l'*Alsace*, capitale *Strasbourg*; la *Lorraine*, cap. *Nancy*; la *Flandre*, cap. *Lille*; l'*Artois*, cap. *Arras*;—la *Picardie*, cap. *Amiens*; la *Champagne*, cap. *Troyes*; l'*Ile-de-France*, cap. *Paris*; la *Normandie*, cap. *Rouen*;— la *Bretagne*, cap. *Rennes*; — le *Bourbonnais*, cap. *Moulins*; le *Nivernais*, cap. *Nevers*; le *Berri*, cap. *Bourges*; l'*Orléanais*, cap. *Orléans*; la *Touraine*, cap. *Tours*; l'*Anjou*, cap. *Angers*; le *Maine*, cap. *Le Mans*; l'*Auvergne*, cap. *Clermont-Ferrand*; la *Marche*, cap. *Guéret*; le *Limousin*, cap. *Limoges*; le *Poitou*, cap. *Poitiers*; l'*Angoumois*, cap. *Angoulême*; la *Saintonge*, cap. *Saintes*; l'*Aunis*, cap. *La Rochelle*; la *Guienne*, cap. *Bordeaux*; la *Gascogne*, cap. *Auch*; le *Béarn*, cap. *Pau*; le *Comté de Foix*, cap. *Foix*;—le *Languedoc*, cap. *Toulouse*; le *Lyonnais*, cap. *Lyon*;—la *Bourgogne*, cap. *Dijon*;—la *Franche-Comté*, cap. *Besançon*; le *Dauphiné*, cap. *Grenoble*; l'*État d'Avignon*, cap. *Avignon*; la *Provence*, cap. *Aix*; le *Roussillon*, cap. *Perpignan*; l'*île de Corse*, cap. *Bastia*.

Deux provinces, auparavant soumises au roi de Sardaigne, ont été annexées à la France en 1860; ce sont: la *Savoie*, cap. *Chambéry*; et le *Comté de Nice* (en grande partie), cap. *Nice*.

DÉPARTEMENTS

La France est divisée en 89 départements, dont le tableau suivant donne la statistique.

Départements	Nombre des arrond.	des cantons.	des communes	Superficie des départem. en kilom. carrés.	Population par départem. (recensement de 1856.)	Chefs-lieux des départements.	Population des chefs-lieux (rec. de 1856.)	Sous-Préfectures.
Ain.........	5	35	447	5,926	570,919	Bourg	11,676	Trévoux, Nantua, Belley, Gex.
Aine	5	37	857	7,285	555,559	Laon	10,412	St-Quentin, Vervins, Soissons, Château-Thierry.
Allier	4	26	317	7,259	352,241	Moulins	18,069	Montluçon, Gannat, La Palisse.
Alpes (Basses-)	5	30	255	6,826	149,670	Digne	5,421	Sistoron, Forcalquier, Barcelonette, Castellanc.
Alpes (Hautes-)	3	24	189	5,552	129,556	Gap	8,912	Embrun, Briançon.
Alpes - Maritim.	5	25	148	4,197	189,764	Nice	44,000	Grasse, Puget-Théniers.
Ardèche	5	31	339	5,389	385,835	Privas	5,202	Tournon, Largentière.
Ardennes	5	31	478	5,175	322,138	Mézières.....	4,645	Sedan, Rocroi, Rethel, Vouziers.
Ariége	3	20	336	4,548	251,318	Foix	5,257	Pamiers, St-Girons.
Aube	5	26	446	6,090	261,675	Troyes	35,071	Nogent-sur-Seine, Bar-s-Seine. Arcis-s-Aube, Bar-s-Aube.
Aude	4	31	454	6,063	282,835	Carcassonne...	19,915	Castelnaudary, Narbonne, Limoux.
Aveyron	5	42	282	8,878	395,890	Rodez........	10,871	Villefranche, Espalion, Milhau, St-Affrique.
B.-du-Rhône ..	3	27	106	5,129	473,565	Marseille ...	233,817	Aix, Arles.
Calvados.....	6	37	784	5,560	478,597	Caen	41,594	Pont-l'Evêque, Lisieux, Falaise, Vire, Bayeux.
Cantal	4	23	259	5,829	247,665	Aurillac ...	11,000	St-Flour, Murat, Mauriac.
Charente	5	29	433	6,052	378,721	Angoulême ...	22,811	Confolens, Ruffec, Cognac, Barbezieux.
Charente-Inf...	6	40	480	6,546	474,828	La Rochelle ..	16,175	Rochefort, Saintes, Saint-Jean-d'Angely, Marennes, Jonzac.
Cher........	3	29	290	7,208	514,844	Bourges	26,482	Sancerre, St-Amand-Montrond.
Corrèze	3	29	286	5,828	314,982	Tulle	11,655	Brive, Ussel.
Corse	5	61	354	8,747	240,183	Ajaccio	12,109	Bastia, Corte, Calvi Sartène.
Côte-d'Or	4	36	727	8,564	585,131	Dijon	55,493	Beaune, Châtillon-s.-Seine, Semur.
Côtes-du-Nord.	5	48	379	6,720	621,575	Saint-Brieuc ..	14,888	Lannion, Loudéac, Dinan, Guingamp.
Creuse	4	25	261	5,585	278,889	Guéret	5,150	Boussac, Bourganeuf, Aubusson.
Dordogne	5	47	584	9,155	504,651	Périgueux	14,778	Nontron, Ribérac, Bergerac, Sarlat.
Doubs........	4	27	639	5,252	286,888	Besançon	43,544	Baume-les-Dames, Montbéliard, Pontarlier.
Drôme	4	29	365	6,535	324,760	Valence	16,875	Montélimar, Die, Nyons.
Eure	5	36	701	5,821	404,665	Evreux	12,227	Louviers, Pont-Audemer, Bernay, Les Andelys.
Eure-et-Loir ..	4	24	427	5,485	291,074	Chartres	18,925	Dreux, Nogent-le-Rotrou, Châteaudun.
Finisterre.....	5	43	283	6,667	606,552	Quimper	11,450	Morlaix, Brest, Châteaulin, Quimperlé.
Gard	4	38	348	5,921	419,697	Nîmes	54,293	Alais, Uzès, Le Vigan.
Garonne (Hte,-)	4	39	578	6,185	481,247	Toulouse	103,144	Villefranche, Muret, St-Gaudens.
Gers	5	29	466	6,263	304,497	Auch	12,001	Condom, Lectoure, Lombez, Mirande.
Gironde	6	48	546	9,751	640,757	Bordeaux	149,928	Bazas, Libourne, Blaye, Lesparre.
Hérault	4	36	330	6,245	400,424	Montpellier ...	49,757	Béziers, Lodève, St-Pons de Thomières.
Ille-et-Vilaine .	6	43	350	6,686	580,898	Rennes	45,664	St-Malo, Fougères, Vitré, Montfort-s-Meu, Redon.
Indre	4	23	246	6,889	273,479	Châteauroux ..	18,227	Issoudun, Le Blanc, La Châtre.
Indre-et-Loire .	3	24	281	6,117	318,442	Tours........	58,055	Chinon, Loches.
Isère	4	45	547	8,290	576,637	Grenoble	52,799	Vienne, La Tour-du-Pin, St-Marcellin.
Jura	4	32	584	4,969	296,701	Lons-le-Saun..	9,456	Dôle, Poligny, St-Claude.
Landes	3	28	333	9,154	309,832	Mont-de-Mars..	5,210	Dax, St-Sever.
Loir-et-Cher..	3	24	296	6,260	264,045	Blois	17,749	Vendôme, Romorantin.
Loire	3	28	317	4,746	505,260	St-Etienne....	94,432	Roanne, Montbrison.
Loire (Haute-)	3	28	258	4,986	300,994	Le Puy	16,666	Brioude, Yssingeaux.
Loire-Infér...	5	45	208	6,817	555,996	Nantes	108,530	Paimbœuf, Savenay, Châteaubriant, Ancenis.

Départements	des arrond.	des cantons.	des communes	Superficie des départem. en kilom. carrés.	Population par départem. (recensement de 1856.)	Chefs-lieux des départements.	Population des chefs-lieux (rec. de 1856.)	Sous-Préfectures.
	Nombre							
Loiret	4	31	348	6,677	343,115	Orléans	46,922	Montargis, Pithiviers, Gien.
Lot..........	3	29	315	5,253	295,753	Cahors	13,676	Gourdon, Figeac.
Lot-et-Garónne	4	35	315	5,307	340,041	Agen	17,667	Villeneuve-d'Agen, Nérac, Marmande.
Lozère	3	24	195	5,148	140,819	Mende	6,877	Marvéjols, Florac.
Maine-et-Loire	5	34	376	7,222	524,587	Angers......	50,726	Saumur, Baugé, Segré, Cholet.
Manche	6	48	643	5,938	595,202	Saint-Lô	9,768	Cherbourg, Valognes, Avranches, Coutances, Mortain.
Marne	5	32	669	8,170	572,030	Châlons-s.Mar.	16,551	Reims, Epernay, Ste-Menehould Vitry-le-François.
Marne (Haute-)	3	28	550	6,250	256,512	Chaumont	9,263	Langres, Vassy.
Mayenne	3	27	274	5,149	375,841	Laval	21,295	Mayenne, Château-Gontier.
Meurthe	5	29	714	6,089	424,373	Nancy	48,199	Lunéville, Toul, Château-Salins, Sarrebourg.
Meuse........	4	28	587	6,206	305,727	Bar-le-Duc ..	13,835	Montmédy, Verdun, Commercy.
Morbihan	4	37	254	6,996	475,932	Vannes	14,529	Lorient, Napoléonville ou Pontivy, Ploermel.
Moselle	4	27	628	5,328	451,152	Metz	64,727	Briey, Thionville, Sarreguemines
Nièvre	4	25	317	6,811	326,086	Nevers	18,182	Château-Chinon, Clamecy, Cône
Nord	7	60	663	5,679	1,212,353	Lille	78,641	Dunkerque, Hazebrouck, Douai Cambrai, Valenciennes, Avènes.
Oise	4	35	700	5,826	396,085	Beauvais	14,086	Clermont, Compiègne, Senlis.
Orne	4	36	512	6,103	430,127	Alençon......	16,475	Mortagne, Argentan, Domfront.
Pas-de-Calais..	6	45	903	6,556	712,846	Arras	26,216	St-Omer, Béthune, Boulogne-s-mer, Montreuil-s-mer, St-Pol.
Puy-de-Dôme.	5	50	443	7,972	590,062	Clermont-Fer.	38,160	Ambert, Issoire, Riom, Thiers.
Pyrénées (B.-)	5	40	560	7,495	456,442	Pau	18,671	Bayonne, Orthez, Oloron, Mauléon.
Pyrénées (H.-)	5	26	480	4,528	245,856	Tarbes	14,743	Bagnères-de-Bigorre, Argelès.
Pyrénées-Or...	3	17	228	4,116	183,056	Perpignan ...	25,501	Prades, Céret.
Rhin (Bas-)..	4	35	543	4,648	563,855	Strasbourg ...	77,656	Wissembourg, Saverne, Schelestadt.
Rhin (Haut-)..	3	29	490	4,060	499,442	Colmar	21,284	Béfort, Mulhouse.
Rhône	2	27	258	2,791	625,991	Lyon	292,721	Villefranche-sur-Saône.
Saône (Haute-)	3	28	585	5,309	312,597	Vesoul	7,281	Gray, Lure.
Saône-et-Loire	5	48	585	8,565	575,018	Mâcon	16,546	Chalon, Charolles, Louhans, Autun.
Sarthe	4	33	389	6,216	467,193	Le Mans	34,502	La Flèche, Mamers, St-Calais.
Savoie........	4	28	331	5,914	281,103	Chambéry....	19,000	Albertville, Moutiers, Saint-Jean-de-Maurienne.
Savoie (H.-) ...	4	25	299	4,317	261,995	Annecy......	10,000	Thonon, Bonneville, St-Julien.
Seine	3	20	81	475	1,727,419	Paris	1,174,346	Sceaux, Saint-Denis.
Seine-Inf.....	5	50	760	6,029	769,450	Rouen	103,223	Dieppe, Le Havre, Yvetot, Neufchâtel.
Seine-et-Marne	5	29	527	5,633	341,382	Melun	10,312	Provins, Meaux, Coulommiers, Fontainebleau.
Seine-et-Oise..	6	36	684	5,603	484,179	Versailles	59,306	Pontoise, Nantes, Rambouillet, Etampes, Corbeil.
Sèvres (Deux-).	4	31	355	6,074	327,846	Niort	20,057	Bressuire, Parthenay, Melle.
Somme	5	41	832	6,143	566,619	Amiens	56,587	Abbeville, Péronne, Doullens, Montdidier.
Tarn	4	35	316	5,759	354,852	Albi	14,636	Castres, Lavaur, Gaillac.
Tarn-et-Garonne	3	24	195	5,669	234,782	Montauban ...	25,095	Moissac, Castel-Sarrasin.
Var	3	27	142	6,453	305,398	Draguignan ...	11,052	Toulon, Brignoles.
Vaucluse	4	22	149	3,474	268,994	Avignon	37,077	Carpentras, Orange, Apt.
Vendée	3	30	297	6,817	389,685	Nap.-Vendée..	8,178	Fontenay-le-Comte, Les Sables d'Olonne.
Vienne.......	5	31	296	6,760	322,585	Poitiers	30,873	Châtellerault, Loudun, Montmorillon, Civray.
Vienne(Haute-)	4	27	199	5,543	319,787	Limoges	46,564	Bellac, Rochechouart, St-Yrieix.
Vosges	5	30	546	5,859	405,708	Épinal	11,076	St-Dié, Remiremont, Mirecourt, Neufchâteau.
Yonne.......	5	37	482	7,287	368,901	Auxerre	15,119	Sens, Joigny, Tonnerre, Avallon.
Totaux....	373	2921	37512	527,686	56,715,804			

Paris. — Imprimé chez Bonaventure et Ducessois, quai des Augustins, 55

www.ingramcontent.com/pod-product-compliance
Lightning Source LLC
Chambersburg PA
CBHW061805040426
42447CB00011B/2483